LE COMMERCE FRANÇAIS

ET

L'INDUSTRIE PARISIENNE

PAR

A. D. BING

Négociant - Manufacturier.

« Le **TRAVAIL** commanda, il y a douze siècles, à l'orgueil et à l'intérêt. Il asservit de nos jours la paresse et la fortune; il est le germe et le soutien de toutes les Sociétés aussi bien que de la puissance qui les conserve et les protège.

» L'**INDUSTRIE** nationale est une des sources les plus fécondes de la fortune de l'État, de la prospérité publique. L'Industrie, c'est le travail de nos manufactures et de nos ateliers; c'est le génie inventif des fabricants; c'est cette docile habileté des ouvriers qui s'appliquent également aux arts les plus difficiles comme aux plus simples métiers.

» Le **COMMERCE**, Citoyens Législateurs, le Commerce n'est plus en France ce qu'il fut sous ce Colbert qui lui imprima un mouvement si actif, une force si puissante... Il faut attendre des conseils des négociants, des marchands eux-mêmes et d'une mûre réflexion, les moyens de décider ce qui peut favoriser le Commerce. »

REGNAUD DE SAINT-JEAN D'ANGELY,
Conseiller d'État (1803).

LE
COMMERCE FRANÇAIS

ET

L'INDUSTRIE PARISIENNE

PAR

UN HOMME DE TRAVAIL.

« Nous appelons de tous nos vœux l'amélioration du sort des
classes ouvrières — Nous bénirons tous les moyens légitimes qui
conduiront vers ce but, »
SOCIÉTÉ D'ENCOURAGEMENT
pour l'Industrie nationale.
RAPPORT
à l'Assemblée Constituante (1848).

MÉMOIRE

PRÉSENTÉ AU MINISTÈRE DU COMMERCE

LE 1er AVRIL 1850

PUBLIÉ EN OCTOBRE.

————◦◦◦◦◦◦◦◦————

EN VENTE
CHEZ
J. LECLÈRE fils, Boulevart Saint-Martin, No 23.
DAUVIN et FONTAINE, Passage des Panoramas, No 35.

PARIS.

1850

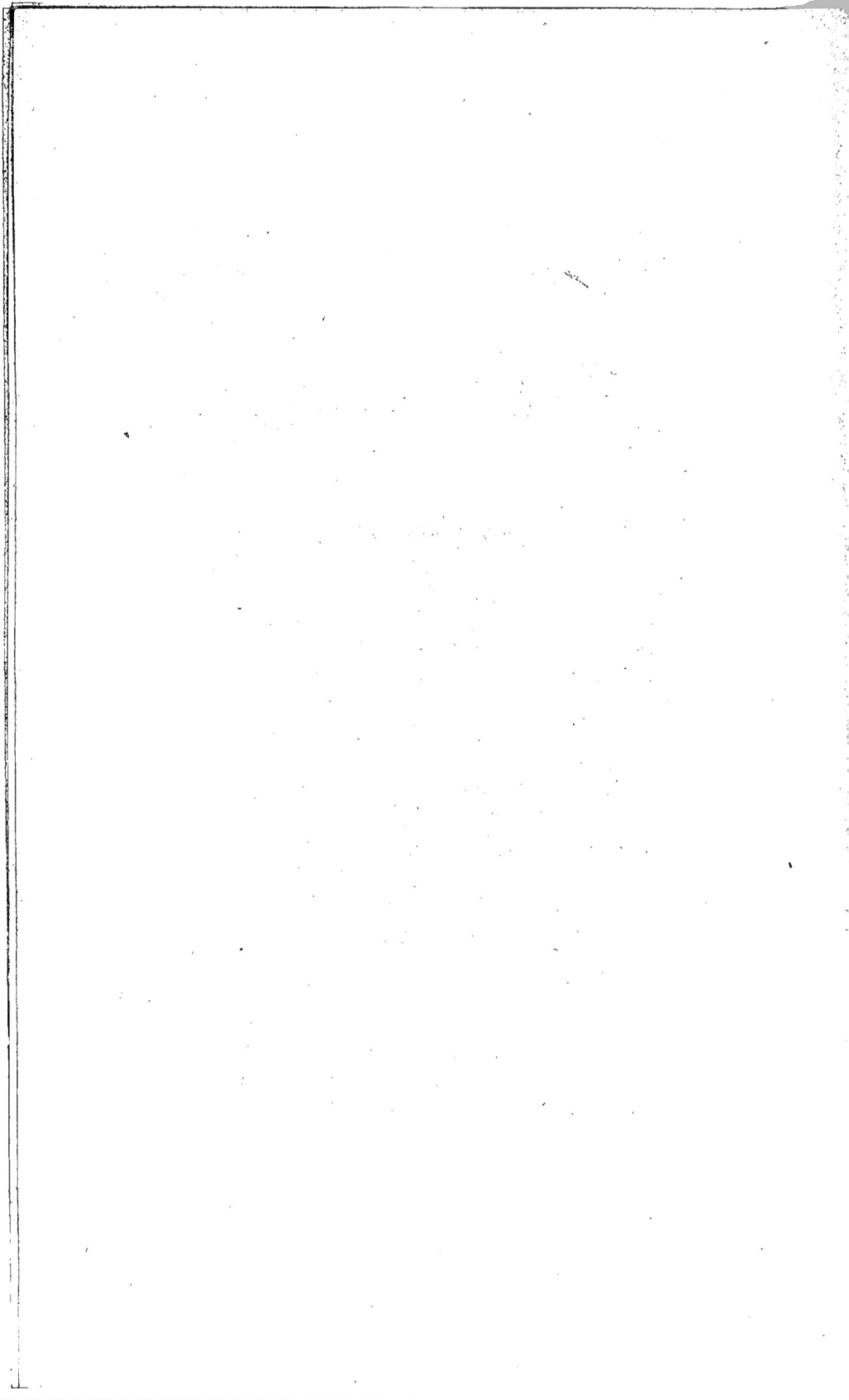

AVANT-PROPOS.

Je livre aujourd'hui à la publicité un petit travail, fruit de mes veillées de l'hiver dernier.

Telle n'était pourtant pas mon intention — la lettre ci-jointe en fait foi — lorsque j'ai transmis à l'honorable chef du bureau de l'Industrie l'analyse des quelques efforts que j'avais pu faire l'an dernier dans l'intérêt de nos fabricants. Mais le bienveillant accueil que j'ai trouvé au ministère ; l'indulgence, je dirai presque la faveur avec laquelle des hommes spéciaux ont bien voulu juger ce Mémoire, la persévérance enfin que mettent d'estimables travailleurs à en provoquer la publication, m'ont déterminé. Toutefois, pour être sincère, je dois ajouter que la controverse singulière à laquelle mon travail a donné lieu, est pour quelque chose dans cette résolution.

A quoi bon me disaient les uns, vous occuper des choses qui ne vous touchent pas directement ? N'avez vous pas assez d'occasions de faire le bien individuel sans essayer de la manière collective ou générale, qui est bien la plus ingrate de toutes les manières à produire du bien?.... Ce raisonnement est juste, mais il n'est pas généreux. Ma spécialité est, en effet, le commerce, la transaction du produit manufacturé. Mais comment effectuer ces opérations sans l'action préalable du travailleur industriel? Du moment où vous m'accordez que celui-ci m'est indispensable, vous justifiez implicitement mes essais en sa faveur.— Vous me dites que le bien individuel est aussi aisé à faire qu'il est difficile de réaliser le bien collectif.... D'accord; et raison de plus pour moi de tenter le plus difficile.— Vous m'avertissez encore que les Industriels ne m'en sauront aucun gré..... Permettez. Cela peut être vrai, mais seulement jusqu'à un certain point. Celui d'ailleurs qui entend servir les intérêts d'autrui pour n'en recueillir que la reconnaissance, me fait l'effet d'un homme qui mettrait à la loterie dans l'espoir de s'enrichir. Je suis moins spéculateur ou plus philosophe que cela.

Pourquoi donc, m'objectaient les autres, vous aliéner l'intermédiaire pour la seule satisfaction d'éclairer le producteur?.... Je réponds : Vous vous trompez; car mes idées sur la matière s'éloignent autant de la *suppression de l'intermédiaire* que des *secrets de profession*. La supression des intermédiaires, cette utopie moderne inventée par ceux qui se servent DU peuple mais qui ne LE servent pas; les secrets de profession, cette fiction vermoulue que soutient encore un respect de tradition, comme ce vieux meuble de votre bisaïeul qui ne se conserve que par vos soins respectueux. Egalement éloigné de ces deux extrêmes, je cours en effet la chance de quiconque se place sur l'axe neutre du mutuel rapprochement. Ou je passerai inaperçu, ou l'on me verra des différents côtés à la fois. En ce cas on m'écoutera, et l'on me comprendra.

Il aurait fallu, me disait-on encore, publier vos conseils alors que ces projets étaient à l'ordre du jour. Mais actuellement où, grace à un gouvernement fort et vigilant, nos fabriques marchent, nos ateliers fonctionnent, qui donc vous écoutera?.... —Qui?.... Tous ceux qui me comprendront.— Et le moyen d'être compris, s'il vous plait?.... C'est d'attendre le calme; d'écrire sans arrière-pensée et d'agir de même. La France est une mer vaste et majestueuse, dont nos révolutions représentent les tempêtes. Chaque ouragan jette sur la plage un tel mélange de pur et d'impur, qu'en pareil moment le plus prudent navigateur est celui qui ne sort pas du port. Le seul retour du calme vous permet de distinguer les projets de circonstance des entreprises durables; de prononcer entre la fiction et la réalité. Or, l'essai que j'avais amené à mes frais jusqu'à un commencement d'exécution en 1849, et offert aux industriels sans autre ambition que celle de leur estime, cet essai peut être repris tous les jours. Les mêmes éléments, les mêmes garanties, les mêmes hommes seraient encore à votre disposition, pourvu que vous puissiez offrir à votre tour : UNITÉ DE VUES, DÉSINTÉRESSEMENT, SINCÉRITÉ.

Telle est la controverse dont j'ai fait mention plus

haut. Maintenant que le public industriel et commerçant, c'est-à-dire le public compétent, a reçu mes confidences, j'attendrai la manifestation de son opinion. Je suis prêt de recevoir toutes ses observations avec reconnaissance et d'en faire mon profit.

Qu'on veuille, en attendant, me permettre quelques mots sur la tendance chez certaines personnes vers l'intérêt général, sur le plaisir de servir autrui. Ce mot à l'intention des honorables ouvriers qui ont le plus vivement désiré cette publication.

Tout dans ce monde est relatif, c'est-à-dire appréciable en comparaison d'une qualité ou d'une idée analogue qui existe dans la réalité ou dans notre imagination. Nous trouvons magnifique, grandiose, tel monument dans la mesure de ceux que nous connaissons. Nous jugeons tel caractère mesquin, avare, en raison de la position de l'homme et de ses moyens. Il devrait en être de même du mérite de nos travaux. Nos bonnes intentions peuvent être reconnues, mais notre mérite ne saurait se mesurer que sur la comparaison de travaux analogues. L'avantage de la désillusion qui en résulterait pour nous, préviendrait en même temps l'ingratitude dont on nous menace sans cesse ; car en présence de la faiblesse relative de notre mérite, nous ne saurions aspirer à des remerciements qui ne nous seraient pas dus, ou dont on nous supposerait l'arrière-pensée.

ALFRED DANIEL BING.

Octobre 1850.

MÉMOIRE

LE COMMERCE FRANÇAIS

ET

L'INDUSTRIE PARISIENNE.

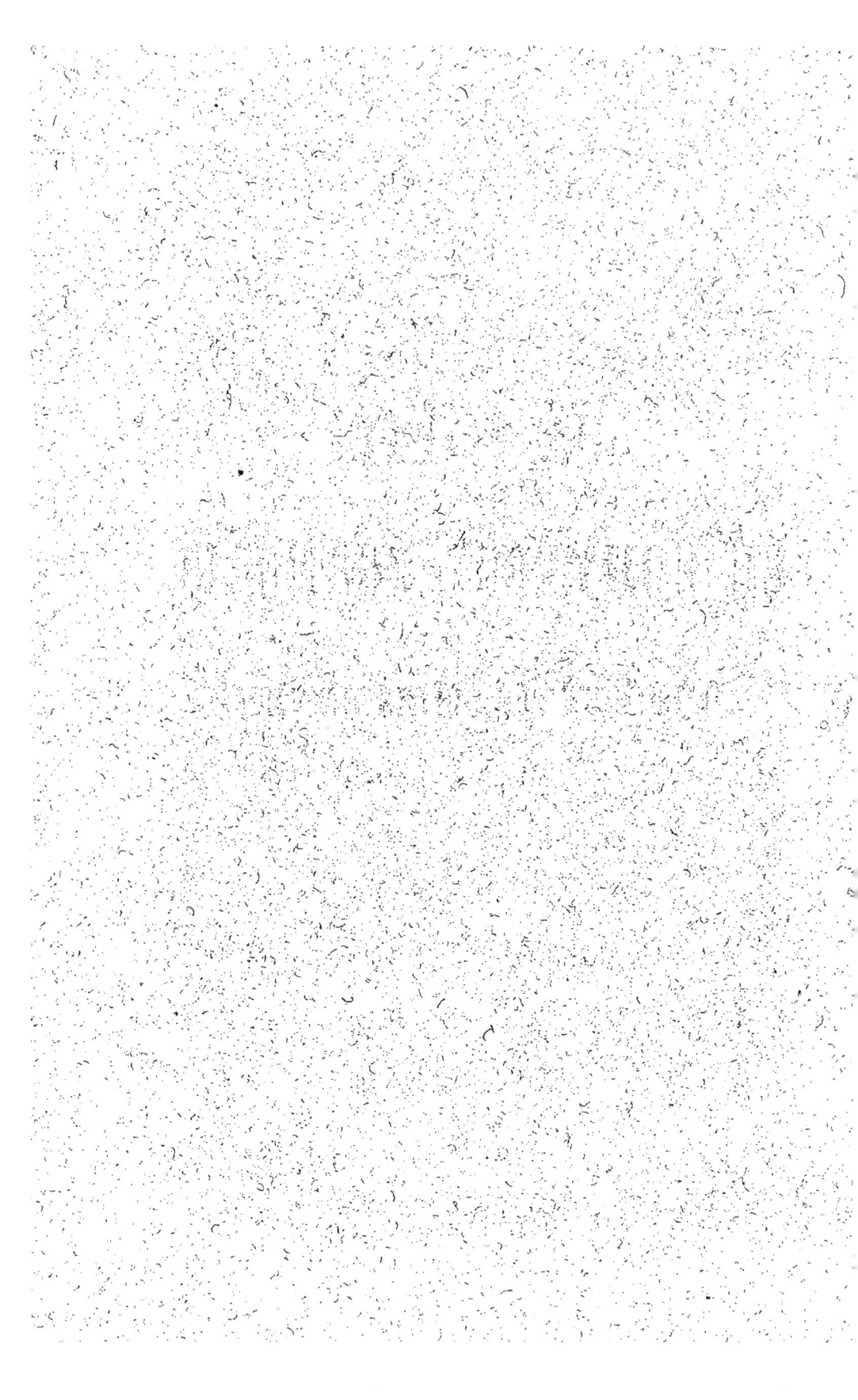

A Monsieur A. Audiganne

CHEF DU BUREAU DE L'INDUSTRIE AU MINISTÈRE DU COMMERCE,

Auteur de plusieurs ouvrages sur le Travail et les Travailleurs.

Paris, le 1er Avril 1850.

Monsieur,

En vous soumettant ce travail, je ne prétends fournir au Ministère ni des idées neuves ni des renseignements inconnus.

J'ai pour habitude de croire les faibles lumières de mon expérience pratique bien inférieures au savoir des hommes que le Gouvernement appelle chaque jour à l'élaboration des questions spéciales.

Mais toute amélioration rencontre à son début tant de difficultés, que je regarde comme un devoir envers la chose publique de contribuer, en proportion de mes forces, à l'applanissement de ces obstacles.

Ce devoir accompli, je reprendrai tranquillement mes occupations.

Heureux — s'il doit en résulter quelque bien — d'apporter à l'édifice commun une pierre inaperçue servant à sa consolidation plutôt qu'à un effet de luxe d'un éclat éphémère.

Votre respectueux serviteur,

BING.

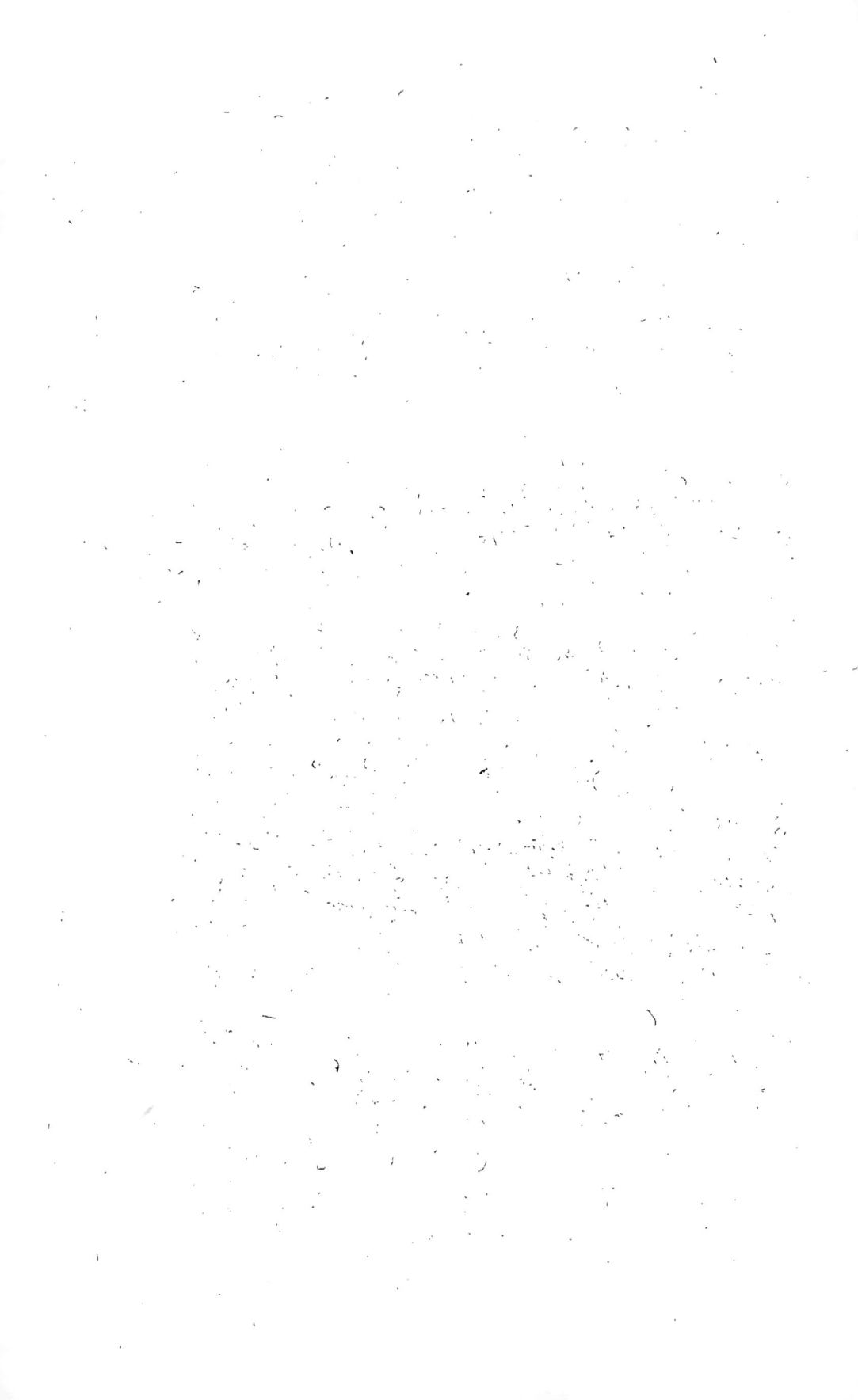

I.

INTRODUCTION.

L'Europe profondément ébranlée à la suite de notre troisième révolution, aspire et commence à rentrer dans les conditions d'une situation normale, d'une vie régulière.

Aux époques des fortes commotions on ne saurait demander à la balance des mouvements populaires un niveau parfaitement juste. Alors que les meilleures intentions sont méconnues, les efforts des hommes de bien deviennent insuffisants pour maintenir l'équilibre entre le progrès réel et le progrès imaginaire. Nos sacrifices, voilà le résultat immédiat de ces commotions; leur compensation est toujours une question d'avenir.

Plus sont grands nos efforts pour le bien, plus nous éveillons des exigences irréfléchies. Comment expliquer cette contradiction, sinon par la théorie de l'imprévu, si l'on peut s'exprimer ainsi? Non que j'entende par cela condamner les conquêtes qui ont eu pour origine des mouvements populaires plus ou moins brusques; en aucune façon. On serait injuste envers l'histoire, injuste envers les hommes. Mais en reconnaissant que c'est le propre du génie de devancer son époque, ajoutons que nul n'a le droit de prétendre à ce privilège exeptionnel en violentant la conscience publique.

Si la prévoyance gouvernementale ne tient pas précisément du génie, au moins imite-t-elle l'exemple offert par la nature dans l'infatiguable abeille. Elle assemble en les préparant à loisir et en silence, les matériaux nécessaires pour améliorer la condition des citoyens, notamment des travailleurs, afin de nous en faire jouir en temps opportun.

Il y a peut-être quelque mérite à reconnaître cette qualité-là au Gouvernement, à une époque où l'on prêche ouvertement LE MÉPRIS DU POUVOIR. Eh bien, dussé-je me tromper, moi travailleur, je crois à ses bonnes intentions, à ses efforts plus ou moins bien dirigés; ne serait-ce que pour rendre hommage au RESPECT DU POUVOIR, ce culte de nos pères que nous abandonnons de plus en plus au profit de quelques uns il est vrai, mais au grand détriment de tous et de l'intérêt public.

C'est dans cet esprit et avec cette conscience que j'ai conçu l'an dernier mon projet d'exportation commerciale avec participation industrielle. L'interruption de ce travail se trouve expliquée dans mon dernier rapport aux fabricants. Aujourd'hui je tâcherai, en répondant à l'invitationqu'on a bien voulu m'adresser, de résumer la portée économique et pratique de ma combinaison en indiquant ses causes et ses effets probables.

II.

LES PARALLÈLES.

Les hommes qui ont visité ou étudié les manufactures anglaises nous parlent souvent de ce mécanisme industriel à la fois simple et grandiose, dont les prodiges ont fait de la Grande-Bretagne le principal foyer commercial des deux mondes.

Nous admirons, nous regrettons tour à tour et la puissance presqu'universelle de l'industrie anglaise et la faiblesse relative du commerce français. Je ne saurais partager sans réserves ni l'admiration des uns ni les regrets des autres. La France est éminemment agricole; l'Angleterre essentiellement commerciale. Chez nous, vous voyez la centralisation gouvernementale en présence d'une répartition très étendue de la richesse publique, de la propriété et de l'industrie; chez nos voisins la décentralisation administrative s'appuyant sur d'immenses fortunes locales, maitresses sinon arbitres du travail. A côté de ces richesses une misère inconnue en

France, ravageant pendant la moitié de l'année une partie des trois Royaumes (1).

Quiconque trouvera cette esquisse conforme à la vérité, reconnaîtra avec moi que les hommes qui blâment journellement notre infériorité en matière de commerce; que ceux qui ont proposé naguère au Gouvernement les moyens plus ou moins illusoires d'y remédier; que ceux enfin qui sont prêts, en tout temps, à jeter la pierre au pouvoir, croyant ainsi le pousser au progrès : que tous ces messieurs, dis-je, ressemblent un peu à certains politiques qui, pour être sincères, ne tournent pas moins dans le cercle vicieux des généralités, incapables qu'ils sont d'en sortir.

---

(1)   **RÉSUMÉ DES EXPORTATIONS FRANÇAISES ET ANGLAISES**
pendant un demi-siècle.

PROPORTIONS COMPARATIVES EN CINQ PÉRIODES.
Les valeurs énoncées en degrés, comptant chacun pour 60 millions de francs.

ÉPOQUES.		PÉRIODES.	FRANCE.		ANGLETERRE.	
A	1788	1re période bourbonienne.	Degrés...	8	Degrés...	8
B	1800	1re période républicaine.	PERD sur **A**	3 1/2	Gagne sur **A**	8
C	1810	période impériale	Gagne sur **B**	1 1/2	Gagne sur **B**	5
D	1829	2e période bourbonienne.	Gagne sur **C**	3 1/2	Gagne sur **C**	10
E	1843	période orléanaise	Gagne sur **D**	7 1/2	Gagne sur **D**	19

Exportation française : 20 1/2 moins 3 1/2,
soit 17 fois 60 : ci 1,020 millions.

Exportation anglaise. . . . . soit 48 fois 60 :
ci 2,880 millions.

NOTA. Population de la France : 34 millions d'habitants.
Population de la Grande-Bretagne. . . . . 26 millions.

Désirez-vous des améliorations sérieuses? Faites d'abord la part des circonstances; prenez-nous comme nous sommes et non pas comme nous devrions être selon celui-ci ou celui-là. Acceptez pour point de départ notre organisation industrielle telle qu'elle est, avec les défauts de ses qualités et les qualités de ses défauts. Laissez-là vos beaux rêves, vos magnifiques projets, vos amères critiques. Soumettez vos théories au creuset de la pratique, et alors seulement vous approcherez de ces progrès dont les merveilleux ressorts fonctionnent si bien ailleurs.

Il est vrai qu'en Angleterre l'industrie trouve aide et assistance dans un commerce aux ressources fécondes, tandis qu'en France le commerce n'est guère soutenu par le capital. Mais l'union de ces élémens de prospérité publique, cette puissante prime d'encouragement n'assure pas contre toute éventualité d'insuccès. Les sinistres qui atteignent cette solidarité là, frappent double au contraire. Par cela même, pareille alliance chez nous exige une circonspection toute particulière. Nous sommes trop enthousiastes en cas de succès, trop impressionnables en cas de revers, trop impatients surtout des résultats de nos opérations. Or, ou l'on procèdera aux innovations commerciales dans des proportions restreintes, ou l'on n'aboutira pas, ce qui serait un malheur : l'union de l'Industrie et du Commerce étant une nécessité de l'époque. Le chemin de la prudence, étroit et aux bords glissants, est le seul praticable là où il s'agit d'améliorer, en les changeant, les relations établies;

de sauvegarder tous les intérêts au lieu de les blesser, d'éclairer l'opinion et non de la contrarier.

Le capital est un peu poltron, même en France où le courage est héréditaire. Je dirai plus : qu'en Angleterre les chartistes radicaux parviennent à imposer au travail industriel une réduction de durée par acte du parlement, et la récente compagnie des voyages à Londres, pourrait bientôt rayer de sa liste de curiosités l'entrepôt maritime de Ste-Catherine.

Les capitalistes, en outre, ont tous les défauts des jolies femmes. Flattez-les tant que vous voudrez, ils ne resteront pas moins très méfiants et pleins de caprices. Voyez seulement ce qui se passe sous nos yeux. Une idée plus ou moins problématique, plus ou moins chimérique se produit. Supposons qu'il s'agisse d'un café ou d'un restaurant nouveau venant s'ajouter aux mille et un établissements de ce genre. Vous doutez qu'il trouve de l'argent? Erreur. Il en trouvera, pourvu qu'il surpasse le luxe existant. Il garnira, par exemple, de cristal doré les parquets et les plafonds, les meubles et les escaliers. Il payera l'intérêt de son emprunt par des thés de famille ou des chocolats de société ; et le capitaliste ébloui, dira : « Celui-là comprend son affaire, donc il mérite du crédit. »

Supposons encore un projet de cirque avec un immense bassin au sable d'or. Ce bassin, rempli de poissons apprivoisés qu'on dirigerait par la voix autour d'une brillante gerbe de feu.—On trouverait encore de l'argent! Ne pas oublier seulement de donner à cette nouveauté un titre pompeux promettant l'intérêt qu'on ne payerait pas. Soyez sûr que l'ARÈNE

CALIFORNIENNE par exemple, s'ouvrirait sous les auspices les plus *comptant*.

Mais qu'un intelligent fabricant, un artisan, un ouvrier parvienne à créer une industrie nouvelle, un procédé ingénieux, à peine trouvera-t-il les fonds nécessaires pour couvrir ses frais d'études et d'essais. Souvent je me suis demandé d'où pouvait provenir cette triste anomalie? Mes observations, mes méditations m'on fait reconnaître trois causes distinctes ayant pourtant de l'analogie entre elles.

La première est le manque de confiance, non dans notre savoir-faire, qui est justement reconnu et apprécié, mais dans la loyauté de nos produits. Cette méfiance que manifeste le commerce extérieur, est partagée, à tort ou à raison, par le capitaliste intérieur.

La deuxième cause tient au peu d'expérience en matière commerciale qu'on suppose chez la plupart de nos industriels. Cet inconvénient rend très difficiles les changements dans les rapports de la fabrique avec le grand commerce.

La troisième cause vient de l'absence de vues pratiques autant que de la précipitation qui dominait dans la plupart des essais d'amélioration industrielle. Ai-je besoin d'ajouter que rien n'est si funeste aux transactions que les innovations brusques dans les rapports établis?

III.

LOYAUTÉ INDUSTRIELLE.

Passons à l'appréciation des causes que je viens d'énumérer. Je discuterai en même temps certaines objections qu'on fait assez souvent aux propositions du genre de la mienne.

Le manque de confiance dans notre probité industrielle ne vient pas positivement de notre habitude de sacrifier dans nos produits le comfort à la grâce, la solidité au coup d'œil. C'est une opinion qu'on ne saurait assez combattre, partagée qu'elle est par les fabricants eux-mêmes. Écoutez plutôt ceux-ci. C'est un de nos plus honorables manufacturiers qui parle, homme d'intelligence, blanchi sous le harnais du travail industriel :

« De retour de mon voyage en Angleterre, je sou-
» mis à mon contre-maître les dessins des luminai-
» res anglais les plus en vogue, en lui exposant les
» avantages de cette confection à toute épreuve,
» qu'on dirait établie pour faire le tour du monde.
» Je ne vous demande pas de négliger le bon goût,
» lui dis-je, mais tâchez d'unir la grâce française à
» la solidité anglaise. — Et vous tenez réellement,
» répliqua mon artisan, aux flegmatiques bobèches
» droites enterrant à moitié ces belles bougies qui
» n'ont pourtant besoin que de briller une nuit ?
» — Faites pour le mieux, aidez-vous de votre
» intelligence.

» Quinze jours après, mon chef d'atelier me pré-
» senta un lustre magnifique et bien fait. Ce lustre
» n'avait qu'un défaut, celui d'être pourvu de
» bobèches formant fleurs, plus gracieuses, il est
» vrai, l'une que l'autre, mais aussi plus ou
» moins évidées. Or, elles ne tenaient bien les bou-
» gies qu'autant que celles-ci étaient chaque fois
» garnies de papier, et chaque soir de nouveau
» bien serrées dans leurs binets. — Voilà, me dit le
» fabricant en terminant son récit, tout ce que je pus
» obtenir de l'ouvrier le plus habile, le plus adroit
» de mes ateliers. Son modèle de lustre n'était pas
» moins d'un style parfait. Malheureusement cet
» ouvrage de bronze doré ne fut pas plutôt connu
» qu'on l'imita en *composition vernie* (1). »

Ce n'est pas ce manque de calcul dans les conditions de fabrication, dont je viens de citer un exemple,
qui fait le seul obstacle à un plus grand écoulement
de nos produits. Si patrons et ouvriers étaient toujours renseignés comme il serait à désirer qu'ils le
fussent, nous aurions fait, malgré le susdit défaut, un
pas immense dans le développement du commerce
français. Le grand obstacle vient de la difficulté toujours croissante, de l'impossibilité bientôt, de dis-

---

(1) La substance de la plupart des ouvrages en imitation de bronze, dite
composition, n'est autre aujourd'hui que du zinc pur, amené à l'état moyen
de fusibilité malléable. — Cette matière nous vient principalement de la
Silésie prussienne et des Usines de la Vieille-Montagne.

En fabrique comme dans le commerce on observe une différence d'environ 60 % entre le prix des objets de vrai bronze et ceux semblables exécu-
tés en composition.

tinguer entre des produits en apparence similaires, mais dont l'usage et la durée seuls expliquent la différence réelle.

Plus l'imagination féconde, l'intelligence active et prompte de nos industriels avancera en progrès, plus cette distinction deviendra insaisissable. Prenons-y garde, nos rivaux en industrie voient cela avec plaisir ; ils ne savent que trop bien s'en prévaloir sur les marchés étrangers.

D'un autre côté nos capitalistes, dont le premier soin en avançant leurs fonds, est la recherche de l'opinion du dehors sur nos produits — alors que nous exportons infiniment plus que nous ne livrons à la consommation intérieure — nos capitalistes, dis-je, n'ont aucun moyen de contrôle impartial. Ils ne peuvent suivre de l'œil la fabrication, comme on suivrait (du moins on se l'imagine) les opérations d'une TAVERNE DE CRISTAL ou d'une ARÊNE CALIFORNIENNE. Dès lors ils ne veulent pas aventurer leurs fonds dans ce qu'ils appellent la petite industrie.

Je n'ai pas une très grande sympathie, je l'avoue, pour la noblesse financière contemporaine. Non que je blâme en elle l'absence de cette prodigalité chevaleresque d'un Samuel Bernard, payant de quelques millions une promenade à Marly. Mais puisqu'elle s'intéresse dans des entreprises, la petite industrie exceptée, pourquoi ne pas aider celle-ci de son influence et de ses lumières pour faire disparaître cet inconvénient ? J'entends dire que c'est aux travailleurs eux-mêmes à proposer les moyens de rapprochement entre le capital et l'industrie. Soit ; en voici plusieurs qui sont solidaires, qui ont reçu par cela même l'approbation d'un grand nombre d'industriels.

Et d'abord nous réclamons, non pas la marque de fabrique, qui existe depuis longtemps, sans avoir jamais atteint le but que s'est proposé le législateur ; mais une MARQUE DE QUALITÉ, une estampille de loyauté, *légalement* apposée sur nos produits divers, comme l'est le poinçon de garantie sur nos articles d'or et d'argent. Personne n'ignore la confiance et la considération générales dont jouissent, grâce à cette juste sévérité, notre bijouterie et notre orfèvrerie fines. Pourquoi n'avoir jamais songé à l'application de cet immense avantage aux autres produits ? (1)

---

(1) Après avoir rendu au poinçon de garantie la justice qui lui est due, il me sera permis d'en signaler un inconvénient, le seul au reste que nos fabricants aient à reprocher à ce contrôle sévère. — Je veux parler de la contradiction bizarre que provoque journellement la législation sur la matière.

On refuse à nos industriels la marque du titre pour le plus minime déficit d'or ou d'argent, pour le plus insignifiant, le plus innocent alliage. C'est dur, mais c'est justice ; la loi le veut ainsi. Cependant, voici venir un importateur qui présente au bureau de garantie des objets précieux fabriqués à l'étranger, et ce à des titres bien inférieurs aux nôtres : vite on lui marque ses produits. On ne les poinçonne, il est vrai, qu'au *titre étranger* ; mais êtes vous bien certain qu'il se fasse toujours et partout la distinction voulue entre ces deux marques ? Je ne le pense pas, et voici pourquoi. Je ne citerai qu'un seul exemple.

Dans un des plus florissants états de l'Amérique du Nord, il se fait depuis peu un genre de portemines (*Ever-point*) semblables aux modèles français et presque meilleur marché que les nôtres. Ce sont pourtant des portemines d'or et d'argent, vendus et facturés comme tels. — Comment cela ? C'est que leurs montures intérieures telles que tubes, tuyaux, pinces sont en cuivre, et la pierre (là-où il y en a, en guise de cachet) une pierre fausse. Les lois

Vous avez donc oublié, me réplique-t-on, les laborieuses discussions dans les anciennes chambres sur
la marque de fabrique? — Mais non. Je les ai si peu
oubliées que j'ose contester moi, citoyen obscur,
l'efficacité générale de cette marque (obligatoire ou
facultative, n'importe) si vigoureusement défendue
par un noble poète (1). J'en demande pardon à l'il-
lustre orateur auquel je fais allusion; mais l'exemple
tiré de la librairie, du nom de l'éditeur sur les ouvrages, était insuffisant dans l'espèce. Jamais les
règles de la librairie, règles dont l'efficacité résulte
autant d'un intelligent accord que des prescriptions
de la loi, ne seront applicables à l'industrie manufacturière. Là un corps à part, n'ayant à exercer
qu'une surveillance spéciale et unique; ici mille professions diverses, souvent rivales, dont on estime,
pour Paris seulement, à environ CENT CINQUANTE les

---

de certains pays permettent cet amalgame; les fabricants étrangers en profitent au grand préjudice de notre industrie.

Quand vous saurez que ce petit article de portemines occupe dans Paris
et les environs près de deux cents ouvriers, qu'il s'en exporte annuellement
pour plus de 200,000 francs dont le tiers seulement en matières fines, vous
pourrez mesurer le tort que nous fait ce genre de concurrence appliquée à
des branches importantes comme la bijouterie, la coutellerie, etc.

Pourquoi nos législateurs n'essaieraient-ils pas d'allier la juste sauvegarde
de l'intérêt public avec les intérêts du travail national, par la création d'une
marque *relative* de qualité, suivie par exemple du mot « PUR » pour tout
ce qui serait réellement du titre supérieur. Sans doute c'est chose grave,
vu que l'abus en pareil cas le serait aussi. Mais par cela même cette question mériterait d'être étudiée. Aussi me permettrai-je de la recommander
à la méditation des hommes spéciaux.

(1) M. *Victor Hugo* à la Chambre des Pairs (Séance du 1er avril 1846).

divisions principales, présentant chacune une moyenne de dix subdivisions! (1)

Qu'est-ce en effet que la marque de fabrique? Pour les uns, un légitime moyen d'origine, soit une adresse, et comme telle refusée par des causes différentes; pour les autres, un moyen d'accepter, de subir parfois les illégitimes exigences d'une concurrence sans frein, parcequ'elle est sans règle, et comme telle très peu respectée; pour tout le monde enfin, un moyen insuffisant, et comme tel indifférent au plus grand nombre. — Mais me direz-vous la marque des Jacques-Cœur, des Carcel, des Erard, des Cunin-Gridaine, des Biétry et consorts ne prouve donc rien à vos yeux? — Oh que si! Elle prouve que la vraie loyauté commerciale existe toujours chez nous; c'est parce qu'elle y existe que je voudrais la généraliser, et, passez-moi le mot, la vulgariser. Mais encore une fois, la marque appliquée à des industries spéciales ne prouve point en faveur de ces produits qui parcourent de 5 à 20 phases distinctes de main-d'œuvre.

(1) Exemple :

Subdivisions de la DIVISION *de l'Optique.*

1° Lorgnettes de spectacle simples et Lorgnettes-Jumelles.
2° Lunettes à branches pour hommes et pour femmes.
3° Lorgnons et Faces-à-main.
4° Longues-vues de campagne, de marine, de télégraphe.
5° Microscopes divers et Compte-fils.
6° Petites spécialités, telles que Loupes, Pinces-nez, etc.
7° Daguerréotypes et leurs accessoires.
8° Instruments divers, Optique amusante.
9° Verres et objectifs; Oculaires terrestres et célestes.
10° Etuis, Ecrins, Sacs et Boîtes.

L'horlogerie par exemple tire son élément principal du Bas-Rhin, du Doubs et de la Seine Inférieure.
Le *roulant* ou mouvement brut porte habituellement
la marque soit de PONS, soit de JAPY, soit de VINCENTI,
tous noms également honorables, représentant cependant pour le commerce les caractères d'une fabrication plus ou moins estimée. Mais comme le
fini (toute la partie de détail ou de précision) ne cor-
respond que trop aux prix payés pour la façon, c'est-
à-dire pour la terminaison, il arrive souvent de voir
l'horlogerie peu soignée, estampillée au nom de la
première, et par contre de l'horlogerie très cons-
ciencieusement faite, marquée au nom de la dernière
de ces réputations. Après de pareilles métamor-
phoses, où donc est la garantie qu'offre au commerce la marque actuelle? Comment faire appré-
cier la loyauté de l'ouvrier sincère, jaloux du fini de
son ouvrage, alors que la forme de cette marque
d'origine l'emporte sur le fond du travail de précision? Ajoutons en passant que l'industrie française livre chaque jour près de 250 pièces d'horlogerie au commerce, représentant en principal et
accessoires une valeur annuelle de cinq à six millions de francs. (1)

Poursuivons. Quelle garantie trouve le consom-
mateur dans certaines orfèvreries plaquées où la con-

(1) Il est digne de remarque que, dans ce chiffre, la consommation
intérieure figure pour deux cinquièmes, et toute la consommation extérieure
pour trois cinquièmes seulement.

Ce qui donne aujourd'hui une certaine valeur à cette observation, c'est
l'augmentation récente de 15 à 20 °/₀ dans le prix de nos mouvements
de pendules, malgré les efforts et progrès faits par les étrangers depuis

currence se contente de la sincérité de la marque dans
la seule partie qui la reçoit? passant sciemment sur la
qualité inférieure du produit dans les quatre cinquièmes de son étendue? — Une *masse* (douze rangs
ou 144 douzaines) de perles métalliques présentait en
1829 son compte normal de 1730 perles. Réduite
vers 1839 au chiffre de 1630, elle ne renferme souvent
depuis 1849 que 1530 perles. On ne les appelle pas
moins des masses, et elles sont vendues comme telles.
Est-ce juste? est-ce légal?.... Vous croyez peut-être
que ce sont là les conséquences de la diminution des
prix? Jugez si les progrès de nos moyens de fabrication avaient besoin de cet auxiliaire de réduction.
Sous l'Empire ces perles se vendaient 17 francs la
masse, soit un franc le cent; sous le dernier régne
elles ne coûtaient plus que 17 sols, soit un sou la
centaine; aujourd'hui, elles sont descendus à 17 cen-
times, ce qui fait UN CENTIME les cent perles d'acier
trempé, taillées, facetées et polies. La marque du fabricant garantit-elle soit la qualité de l'acier, soit le
nombre légal ou présumé? (1)

Février pour naturaliser ailleurs cette branche importante, jusqu'à présent
le monopole de la France.

Voici maintenant les proportions de la main-d'œuvre dans les différentes catégories d'horlogerie française :

Dans les prix des pièces courantes, la façon compte pour 40 à 50 %.
— Dans l'ouvrage soigné, elle figure pour 60 à 75 %. — Dans l'horlogerie supérieure, la main-d'œuvre représente jusqu'aux cinq-sixièmes de la
valeur de l'objet.

(1) La perle d'acier occupe environ mille ouvriers: hommes, femmes et
enfants. — Tous les ans nous livrons au Commerce près de 8 millions de
masses d'une valeur totale de 1,500,000 francs, dont plus de moitié dé-
pensée en main-d'œuvre. Cette quantité de perles exige de 350 à 360

Ailleurs, cette marque indique-t-elle à ceux qui l'ignorent, ce qui dans la fonte ouvrée, est bronze ou composition galvanisée? dans les objets de cuivre : doré ou verni?—ce qui en ébénisterie, est ébène ou bois teint? en tabletterie : ivoire ou os coloré? — ce qui en étoffes, est soie pure ou mélangée? en fait de tissus : pure laine ou laine et coton? — ce qui en maroquinerie, en ganterie, est peau de chevreau ou peau d'agneau? en fait de brosserie : blaireau véritable ou poil de chèvre? — ce qui en verres d'optique, est vrai *flint* ou *flint* soufflé, et ainsi de suite dans bien des articles?

Or, il n'y a que le CONTRÔLE DE QUALITÉ, type légal de distinction entre le vrai et le faux, entre le réel et le supposé, qui puisse remédier à cet abus et relever aux yeux de l'étranger autant que devant nos nationaux, notre antique probité industrielle.

Voici maintenant les principales objections qu'on oppose à ce remède. Ecoutons et réfutons.

Selon les uns, la difficulté consisterait dans l'exécution matérielle, si la nouvelle marque de qualité devenait facultative, c'est-à-dire applicable en dehors des règles d'administration publique.

Selon les autres on aurait à redouter une certaine

mille kilogrammes de métal que nous fournit en majeure partie le département du Doubs.

Il y a quelques années on aurait pu ajouter à ces chiffres un mouvement plus considérable encore en perles de cuivre (dorées ou argentées). Mais l'essor de cette industrie a été malheureusement paralysé, depuis que la justice a prononcé sur les brevets si souvent attaqués de la dorure par immersion.

répugnance pour le cas où cette marque deviendrait obligatoire, une telle condition s'accordant mal avec la tendance actuelle vers la liberté illimitée en toutes choses.

D'autres enfin s'élèvent contre le tort que pourrait faire une marque sérieuse au commerce de pacotille (marchandises qui s'exportent par collections de *toutes* sortes), du jour où cette marque prendrait racine chez nous.

Je passe sur cette dernière objection. J'avoue en toute humilité, que je ne crois pas ma faible expérience capable d'un aussi grand résultat que celui de l'adoption unanime d'une marque sincère. Mais quel argument plus puissant en faveur de ma proposition que la réalisation d'une pareille hypothèse?

Le principe même de cette proposition est la meilleure réponse aux deux premières objections. Nous voulons LA MARQUE LIBRE sous le contrôle d'un Jury d'industriels constitué à l'instar des Prud'hommes. L'application de ce système ne serait, proportions gardées, pas plus compliquée que les formalités qu'exigent les marchandises exportées sous bénéfice de primes. Qui douterait de la science pratique et de la sincérité chez ces régénérateurs de notre réputation, choisis par leurs pairs? (1)

---

(1) La loi du 19 Brumaire An VI (1797) traite de la marque obligatoire en ce qui concerne les matières précieuses. Celle du 22 Germinal An XI (1802) ne s'occupe qu'en passant des marques particulières sous le rapport facultatif.

La loi *mixte* sur les marques de fabriques, votée en 1846 par la Chambre des Pairs, n'a pas reçu, que je sache, la sanction de loi d'État. Si je suis bien informé, le gouvernement aurait l'intention de soumettre prochainement au Conseil-d'État une loi nouvelle sur cette importante matière.

Proclamez que les seules marchandises revêtues de cette marque ont droit de rentrée libre en tout temps, et vous verrez bientôt la plupart de nos industriels concourir à réhabiliter notre honneur commercial, qui est la sauvegarde la plus belle de nos intérêts. Alors seulement vous offririez à nos fabricants, sans sacrifices pour l'État, la faculté de se mouvoir librement au dehors; d'entreposer leurs produits à l'étranger, sans crainte de trouver la frontière française fermée aux retours éventuels de marchandises françaises. Mais ce moyen se rattache plutôt aux considérations sur le reproche d'ignorance commerciale, la seconde des causes mentionnées, et dont nous allons nous occuper.

IV.

ALLIANCE DU COMMERCE ET DE L'INDUSTRIE.

Je demande la permission de reproduire ici quelques lignes de mon rapport de 1849. Ces citations ne sauraient être déplacées; elles émanent de chefs-ouvriers, réunis naguère dans un intérêt collectif d'industrie parisienne.

« ..... Personne ne niera que dans nos marchan-
» dises à usage réel (c'est un fabricant qui parle; il
» s'agissait alors des articles de Paris) les produits
» similaires d'autres pays priment les nôtres sur bien
» des marchés de l'étranger. Nous avons la réputa-

» tion de créer les plus jolis articles de futilité beau-
» coup plus facilement que les plus simples objets
» d'utilité. On nous attribue jusque dans nos produc-
» tions industrielles, la plus gracieuse légèreté, la
» plus aimable insouciance.

» ...... Tel qui prête une attention impartiale à la
» vente de certaines de nos marchandises à côté des
» produits analogues et rivaux, remarquera que trop
» souvent l'acheteur commence par regarder, par
» admirer certains de nos articles, et finit par se rendre
» acquéreur de ceux de nos concurrents. Voyez par
» exemple cette théière, cet album, cette tabatière,
» ce portefeuille anglais. Lourds quant à leurs
» formes il est vrai, modèles connus par deux ou
» trois générations; mais confectionnés pour s'en
» servir, ces objets vous présentent des fermetures
» hermétriques, des charnières à toute épreuve, des
» garnitures bien faites, des accessoires ajustés avec
» soin. On les dirait faits à l'intention de l'acheteur,
» tandis qu'il nous faut, à nous, des acheteurs faits en
» quelque sorte pour nos marchandises.

» ...... Si c'est là le résultat du jugement public
» entre la solidité intérieure et la grâce extérieure :
» qu'en conclure, si ce n'est qu'il nous manque, ou
» la science de bonne fabrication ou les principales
» notions sur la destination, sur l'emploi de nos pro-
» duits ?......

Et quoi Messieurs ! vous vous accusez d'ignorance
et d'insuffisance, alors que les étrangers, admirant
partout les productions de votre génie, envient à la
France cette pépinière d'artisans et d'ouvriers d'élite,

qui font une des gloires de notre pays? Travailleurs français rassurez-vous, la supériorité d'intelligence vous est acquise à juste titre; ce qui vous manque sous certains rapports, c'est la manière de vous en servir.

La concurrence, ce moteur prodigieux du mécanisme commercial, se divise en deux parties distinctes, à savoir : la concurrence intérieure et la concurrence extérieure. Je vous ai dit comment vous pourriez vous-mêmes sauvegarder la première. Pour combattre la seconde avec avantage, il vous faudrait en effet l'appui du commerce, secondé à son tour par la finance.

Mais quel étrange revirement d'idées, quelle singulière déduction de la théorie des échanges a pu pousser des hommes de talent et d'expérience à poursuivre l'ombre pour la réalité en frappant la concurrence intérieure AU PROFIT de la concurrence extérieure, qu'ils s'imaginaient atteindre? (1)

Changer l'organisation du travail d'une grande nation, c'est aller droit aux intérêts les plus essentiels du peuple. VOULOIR améliorer ceux-ci — chose excellente en tout temps — peut être à certaines époques une preuve d'esprit; POUVOIR le faire subitement — chose difficile en tout temps — exige plus que du génie. Or, l'esprit court les rues; le génie est rare comme la vertu.

---

(1) « L'expérience n'éclaire pas toujours; et comme ses effets ne sauraient être nuls, quand elle n'apporte pas la clarté, elle augmente les ténèbres.

..... Le mal ne cesse pas d'être le mal, pour être pratiqué sur une grande échelle. »   LOUIS BLANC.

En réglementant l'intelligence, en limitant l'activité de l'ouvrier (à supposer tout cela praticable) vous réduisez notre mouvement industriel de toute la différence qui constitue souvent notre avantage sur nos rivaux de l'extérieur. Vous diminuez ainsi à leur profit le travail national. En éloignant de nous les ouvriers d'origine étrangère, vous livrez aux manufactures du dehors les secrets de notre fabrication.

Laissons donc l'ouvrier maître de son intelligence, arbitre de son activité; mais offrons lui les moyens de se rapprocher du commerce, de savoir un peu ce qui se passe ailleurs.

Pourquoi, par exemple, moi Pierre qui gagne dans ma petite chambre de la rue Amelot mes 4 francs et demi par jour avec mes GRANDES charnières à coulisses, (espèce de support pour glaces de toilettes), vois-je tout à coup cesser les demandes sans que j'en apprenne, sans que j'en comprenne le motif? Pourquoi n'y aurait-il pas un établissement quelconque, aux alentours de la Douane si vous voulez, où je pourrais entrer me renseigner un peu là dessus? J'y passe pourtant tous les jours en allant chez mon fondeur de la rue Guérin-Boisseau. Et quoiqu'on en dise de l'exploitation des ouvriers et autres belles choses qui ne m'ont jamais rapporté un sou, m'est avis qu'il y a encore des hommes qui estime assez la blouse de travail pour bien me recevoir, et pour m'informer qu'on fait à l'étranger depuis peu un genre de toilettes basses qui exigent des charnières à PETIT développement.

Mon ami Paul, l'ébéniste de la rue de Charonne,

qui se plaint que depuis quelques mois ses commandes diminuent, profiterait en même temps de cela, lui qui de père en fils est dans la spécialité des toilettes. Un comptoir ayant ses correspondants chez les nations étrangères, un bureau où Paul trouverait à temps un avis, une description, de tel ou tel meuble préféré ou innové chez les autres puissances, serait-ce donc chose impossible? Nous serait-il plus difficile de comprendre ces communications-là, que de faire 20 balanciers de pendule (1) en une journée ou deux placages de guéridon par heure?

Pourquoi faut-il que mon voisin, le fabricant de plaqué de la rue Popincourt apprenne comme par l'effet du hasard, qu'à Nuremberg (Chef-lieu d'un département de la Bavière) on prépare depuis bientôt deux ans, une rude guerre à cette partie essentielle de notre industrie, et que nos rivaux ont presque réussi dans l'importante branche des flambeaux?

Pourquoi, Messieurs? — Parce que la plupart de ceux qui vous promettent monts et merveilles en paroles, ne se contentent pas *d'exposer* leurs idées. Sous prétexe de vous servir, ils veulent *imposer* leur volonté. Econduits souvent par ce motif, ils *opposent* à toute mesure gouvernementale l'acharnement le

---

(1) Il n'y a que Paris pour fournir des ouvriers de cette force.

S'il est vrai que tous nos travailleurs en accessoires d'horlogerie n'en font pas autant, il n'est pas moins vrai que c'est du balancier *compensateur* dont je parle.

La disposition des **18** parties de ce balancier est telle, que l'effet qu'exerce la température sur le cuivre est neutralisé par la présence des pièces d'acier, et réciproquement la contraction de ces dernières par la dilatation simultanée des premières.

plus infatiguable. De là cette myriade d'écrits, de là cette rareté d'améliorations pratiques. *L'exposition* est une, *l'imposition* et *l'opposition* font deux ; or deux contre un, donc point de résultat.

Mais reprenons notre entretien sur l'ignorance des industriels en matière commerciale. Je suis assez, je le répète, de l'avis de M. Pierre qui croit l'intelligent travailleur très apte à comprendre les considérations commerciales en rapport avec sa sphère d'activité.

N'est-il pas étonnant qu'il n'y ait dans la capitale, centre des sciences et des études de toute nature, aucun grand établissement où le fils de l'artisan puisse apprendre les notions élémentaires et supérieures du commerce pratique? Doutez-vous que le commerce français en général, que l'industrie parisienne en particulie,r profiteraient de pareilles institutions, imitées et répandues dans les grandes villes de France? Ne vaudrait-il pas mieux préparer les fils de nos industriels à devenir fabricants expérimentés, manufacturiers éclairés, que de voir ceux qui ne veulent continuer le travail manuel de l'atelier, se faire médecins sans malades, avocats sans causes, professeurs sans élèves?

Chose bizarre! Nous offrons, et pour cause, aux produits étrangers des entrepôts réels, des moyens de transit, des magasins mêmes pour les transactions en marchandises prohibées, et l'on ne cherche pas à faciliter davantage la circulation de nos produits au dehors.

Cela semble en effet extraordinaire. Mais sont-ils

bien nombreux ceux-là qui sans arrière-pensée, sa-
crifieraient leur temps à des travaux d'intérêt général? ceux qui offriraient volontiers au gouvernement
les fruits de leur expérience pratique, sans réclamer
en échange ni faveurs ni honneurs?

Croit-on d'ailleurs que ce soit chose facile que de
faire converger, non vers un centre unique mais
vers des centres communs, de nombreux intérêts
qui, hier encore, agissaient dans l'isolement? Cette
mission me paraît délicate et scabreuse pour l'État,
mais nullement irréalisable avec le concours d'hommes pratiques et indépendants. Les débuts restreints
de pareille innovation, limites dont, je le répète, on
ne saurait départir sans nuire aux résultats mêmes,
nous expliquent jusqu'à un certain point la difficulté
de l'appui du gouvernement. Celui-ci en outre ne
connaît probablement pas assez l'importance de la
fabrique parisienne. De ce qu'on n'est pas réuni
ici au nombre de 500, de 1000, de 1500, dans le
même établissement; de ce qu'on ne présente pas
sur un seul et même point une agglomération de
plusieurs milliers de travailleurs; de ce qu'on voit
rarement plus de cent ouvriers ensemble dans le
même atelier parisien : de tout cela je conclus, qu'il
n'apprécie pas suffisamment l'importance industrielle de la capitale (1).

Je laisse les chiffres officiels que tout le monde
peut se procurer. Je rappellerai seulement à l'appui
de mon assertion les vingt et quelques professions
diverses, s'exerçant chacune à part, et toutes néces-

(1) Les chiffres suivants prouvent que Paris n'est pas la seule ville où

saires cependant pour la confection d'une seule pendule, savoir : 1° Dessinateur, 2° Modeleur, 3° Fondeur, 4° Ciseleur, 5° Marbrier ou Albâtrier, 6° Monteur, 7° Doreur, 8° Bronzeur, 9° Tourneur en cuivre, 10° Fabricant de roulants, 11° Fendeur de roues, 12° Faiseur d'échappements, 13° Polisseuse, 14° Tireur de ressorts, 15° Fabricant de timbres, 16° Emailleur en cadrans, 17° Découpeur d'aiguilles, 18° Horloger-finisseur, 19° Bombeur de verres, 20° Ebéniste, etc. (1).

Dans les objets de première nécessité, dans la chaussure par exemple, l'importance est tout autrement grande et, j'ai tout lieu de le croire, moins connue encore. Et comment voulez vous qu'on soit bien édifié en haut lieu sur les détails intérieurs d'une industrie dans la sphère de laquelle vous ne rencontrez peut-être pas une maison (et on sait qu'il s'en trouve non seulement de très considérables,

---

l'importance relative du travail échappe à l'œil devant la répartition locale des travailleurs.

L'Industrie manufacturière de France occupe aujourd'hui

9 millions d'ouvriers (hommes, adultes et enfants);
8 — d'ouvrières (femmes et jeunes filles);

ensemble 17 millions, dont plus de 9 millions travaillent en famille, 4 à 5 millions *en chambre*, (ateliers où on ne compte généralement qu'un seul aide ou compagnon).

(1) Je m'arrête à 20, pour simplifier l'exemple.— La plupart de ces branches cependant représentent plusieurs états. Je citerai seulement le cadran, où l'émailleur proprement dit se borne à préparer et à appliquer la lave sur le métal.— Il a lui-même recours au peintre en chiffres et au perceur de trous, deux professions à part.— Les cadrans de cuivre, d'albâtre, de verre-glace ou d'opaque exigent en outre les secours d'autant d'autres spécialités.

mais encore des chefs aussi intelligents qu'estimés pas une maison dis-je, qui possède des notions *exactes* sur l'importance collective de cette branche.

Je n'entreprendrai pas d'exposer toutes les causes de ce manque de renseignements généraux. Elles sont nombreuses autant que bizarres.

La Chaussure de commerce occupe dans Paris plus de 20,000 ouvriers et au moins autant d'ouvrières piqueuses. Ajoutez à cela les joigneuses, les bordeuses et les brodeuses, plus un certain nombre d'enfants (bien que ceux-ci soient relativement rares dans cette partie), et vous trouverez un chiffre d'environ 50,000 personnes constamment occupées à la confection de ce produit. (1) Celui-ci au reste a aussi sa dixaine de subdivisions ou spécialités séparées, telles que: Chaussures diverses pour hommes, pour femmes, pour enfants; chaussure de luxe, de chasse, de caoutchouc; chaussons de tresse, ceux dits de Strasbourg; enfin les articles de socques et de sabots.

En considérant maintenant que parmi nos 40 à 50 fabriques principales en ce genre, il en est qui fournissent à l'exportation pour une valeur de 50,000

(1) Les trois cinquièmes de ces ouvriers et ouvrières travaillent en même temps pour les particuliers.

Nos exportations générales en ouvrages de peau et de cuir dépassent 2 millions par mois, dont le tiers seulement fourni par les trois branches réunies de Ganterie, de Peaux proprement dites et de Sellerie-Carrosserie. (Cette dernière branche augmente de jour en jour; quelques efforts encore, et la carrosserie française s'imposera au monde par sa perfection réelle jointe au bon goût).

Reste une valeur *exportative* de 16 à 18 millions, à répartir annuellement entre la branche des chaussures et celle des articles divers, plus connus sous le nom de maroquineries.

à 60,000 francs par mois, on comprendra mieux l'importance qu'on devrait attacher à l'étude des questions que je ne fais qu'effleurer.

Remarquons en attendant que l'enveloppe de ce pied mignon que vous admirez aussi bien dans vos promenades, qu'à l'Opéra, qu'à l'Elysée, ne rapporte en moyenne que QUATRE francs aux 16 à 18 travailleurs réunis qui y touchent tour à tour.

La plupart de nos travailleurs, soyez-en persuadé, comprendraient à merveille les considérations et même les exigences du commerce extérieur autant que l'importance des communications à ce sujet, faites par les soins d'intermédiaires sincères et en quelque sorte responsables.

Des intermédiaires! Voici le grand mot qui soulève depuis deux ans tant d'orages entre ceux qui vendent et ceux qui achètent; mot à qui revient l'honneur d'avoir suscité une unanimité d'erreurs parmi d'éminents écrivains des partis les plus opposés.

Arrêtons-nous y un instant. Je tâcherai d'être clair et surtout impartial.

V.

LES INTERMÉDIAIRES.

On ne m'accusera certainement pas de manquer de sympathie pour les classes laborieuses auxquelles j'ai l'honneur d'appartenir. On doutera de mon expérience; moi-même je n'y attache guère de valeur. Mais on ne doutera pas, j'espère, de la sincérité de mes convictions. Eh bien, aux industriels qui en veulent à toute espèce d'intermédiaires, je dis : Vous méconnaissez des services, réels rendus au pays; vous ignorez complètement l'importance de ces négociants; vous fermez l'œil à l'évidence, vous n'aboutirez pas. Ils continueront leurs fonctions malgré vous; prenez garde qu'ils ne les continuent contre vous.

Et puis quelle sorte d'intermédiaires voudriez-vous donc voir disparaître? Sont-ce les exportateurs qui répandent vos produits sur tous les points du globe? les commissionnaires qui vous amènent des acheteurs, vous paient les factures, acceptant le plus souvent une responsabilité qui devrait être la vôtre? Mais dans Paris seulement il y en a plus de 500. Sont-ce les dépositaires qui présentent vos articles à une clientèle acquise à force de labeur et de travaux, et qui vous offrent ainsi les débouchés de leurs maisons? Mais on en compte environ 150. Sont-ce ces fabricants ou marchands qui joignent à leurs opérations principales celles de commissionnaires en d'autres articles? Mais ils sont au nombre de près de 300 dans la capitale.

Etes-vous bien sûr de la réalité du mal que vous a causé la classe des intermédiaires? Le voici en deux mots : Vers 1830, alors qu'à Paris par exemple ils étaient à peine 400, les exportations parisiennes variaient de 75 à 100 millions, tandis qu'aujourd'hui, où ils sont environ mille, on exporte en articles

de Paris pour 150 millions de francs par an.
Tenez-vous encore à les abolir, ces intrus ?.... Et
comment vous y prendrez-vous, s'il vous plaît,
pour mener de front vos doubles intérêts industriels
et commerciaux dans l'état actuel des choses? Car
après tout, nous sommes en France, nous ne sommes
pas en Angleterre. Voilà pour les partisans de la
supression des intermédiaires. — Quelques mots
maintenant aux amateurs des secrets de profession.

De ce que je reconnais les services, la nécessité
même d'intermédiaires pour le commerce français,
tel qu'il est organisé aujourd'hui, il ne s'ensuit pourtant pas que ces fonctions, très honorables d'ailleurs
quoiqu'on en dise, ne soient susceptibles d'aucune
amélioration au profit de l'intérêt général. Mais ici
je rencontre un corps respectable, auquel je dois
une explication loyale. Cette fois l'objection est d'autant plus grave qu'elle est faite par des hommes pratiques, ayant pour eux une grande expérience des
affaires.

Il y a une dizaine d'années environ, Londres était
à trois journées de Paris, Berlin à six, Vienne à neuf,
St-Pétersbourg à douze, New-Yorck à quarante et
ainsi de suite. Aujourd'hui l'Anglais peut se rendre
chez nous en une demi-journée, l'Allemand en 50 à
60 heures, le Russe en 6 jours, l'Américain en 2 se-
maines etc. Pareilles modifications ont eu lieu quant
aux distances intérieures. Pouvez-vous croire, vous
hommes positifs, que ces merveilleux résultats de la
locomotion moderne soient sans effet sur les rapports commerciaux des nations? Vous ne le pensez

pas ; car plus que tout autre, vous assistez depuis
quelques années à la manifestation évidente du résultat de ces rapprochements. Vous voyez d'une part
de grands manufacturiers se faire petits exportateurs,
de bons fabricants transformés en mauvais commer-
çants ; de l'autre, d'honorables industriels, pour con-
server intacte leur réputation, subir les exigences
plus ou moins justes, plus ou moins vraies, — je ne
dis pas des négociants, les personnes n'y font rien —
mais du commerce qu'une concurrence sans règle
pousse souvent malgré lui au-delà de ses limites na-
turelles, si je puis m'exprimer ainsi. Voilà pour le
commerce extérieur.

Dans le commerce intérieur, vous voyez les plus
forts marchands de gros, des chefs de fabrique même,
offrir leurs articles ou par généralités ou par spécialités, jusque dans le détail le plus minime. Ailleurs,
une foule immense de modestes artisans, d'intelligents ouvriers, des travailleurs laborieux, qui voient
ou qui s'imaginent voir arriver les uns aux dépens
des autres, attribuant tout revers, quel qu'il soit, au
contrecoup de ces effets.

Pouvez-vous supposer, vous, hommes de bon sens,
négociants au jugement réfléchi, que le gouvernement puisse toujours rester spectateur indifférent de
pareils inconvénients? Mais le voudrait-il (et je suis
de l'avis contraire) il faudrait qu'il fît la part des circonstances, poussé qu'il serait par l'ordre naturel
des choses. Dans ce cas, ne vaut-il pas mieux l'aider
à temps que vous dire un jour : Il est trop tard?

Du moment où nous sommes d'accord sur le prin-
principe, il ne nous reste qu'à en discuter l'appli-

cation. Cet entretien concerne plus spécialement la troisième des causes dont j'ai parlé à la fin du premier chapitre, à savoir le manque de vues pratiques, de moyens rationnels.

Abordons cette question sans préambule.

VI.

L'UNION D'EXPORTATION.

Dans le courant de l'année 1848, alors qu'à défaut d'autres occupations beaucoup de monde s'occupait de la crise et des moyens d'y remédier, il est parvenu au gouvernement, à ce qu'on dit, de 40 à 50 mémoires ou projets sérieux, dont l'exécution d'aucun ne fut jugée possible.

« Quand on prend connaissance des propositions » qui surgirent alors par milliers, on demeure stu- » péfait que d'une pareille fermentation n'aient pas » jailli plus d'idées justes et fécondes.

» On aurait de la peine à suivre dans leurs mille » détails ces élucubrations où éclate souvent tant » d'inexpérience..... Quelques combinaisons plus » réfléchies furent seules dignes d'examen.

» Comment s'expliquer que des efforts aussi divers » joints aux sacrifices considérables de l'État n'aient » pas produit des résultats plus significatifs?

» ...... Comparez les effets obtenus aux exigences

» de la situation d'alors, et vous serez surpris de la
» prodigieuse insuffisance des moyens mis en
» œuvre (1). »

Pourquoi M. Andiganne, dans son intéressant ouvrage sur l'Industrie, porte-t-il ce jugement sévère?
Je l'ignore. Mais ce que je crois savoir, c'est que la
plupart des auteurs de ces propositions commencèrent par réclamer l'appui *financier* de l'État. Certains en firent même la base de leur travail. Cependant les secours pécuniers ne devraient être que l'accessoire de ces sortes de combinaisons. Comme élément principal, ils peuvent porter remède, mais ils
ne sauraient guérir le mal. J'en conclus que les subventions gouvernementales en pareille matière portent en elles-mêmes un principe d'inefficacité.

Il faut à la production, pour prospérer, plusieurs
soutiens à la fois : le capital, la circulation et la consommation. Ces trois soutiens, vous ne les trouverez
que dans les efforts combinés de tous au profit de
chacun.

Du moment où le manufacturier ne met pas toute
la loyauté voulue dans les fournitures que lui confie
le négociant pour les livrer au commerce ou à la
consommation, le fabricant crée à son client un droit
ou un prétexte de se couvrir du préjudice qui en est
la conséquence. L'intermédiaire s'en dédommage par
des bénéfices qui dépassent les proportions ordinaires. Ne pouvant réaliser ceux-là sur des marchandises mauvaises, il augmente d'autant le prix des

(1) Extrait de l'ouvrage de M. Andiganne sur « *l'Industrie Française
depuis Février* » (pages 51 et 45).

bonnes, ce qui en restreint la consommation. Si ces cas se présentent souvent, si seulement il y a tendance d'une part ou méfiance de l'autre en ce sens, l'exception devient la régle. Vous voyez alors les relations se refroidir, les mutuels rapports diminuer, et telle est la puissance de la logique, qu'on voit des branches entières de l'Industrie manufacturière disparaître des tableaux du mouvement commercial.

Nos rivaux applaudissent et en profitent; nos capitaliste observent et se tiennent à l'écart. Malgré cela les chiffres officiels constatent les augmentations annuelles du commerce général; mais on n'ajoute pas de combien sont les diminutions survenues dans les branches spéciales.

Je mets en fait que depuis que toutes les nations aspirent à devenir industrielles, il ne manque pas d'exportateurs parmi nous, qui n'aient ressenti les effets de quelques diminutions spéciales dans leurs exportations. Le commerçant comble ces déficits en changeant de produits ou de direction. Mais l'ouvrier, qui ne fabrique que tel ou tel article atteint de la sorte, comment fait il?......

Frappé de ces inconvénients, convaincu de la nécessité d'une loyale entente entre l'industriel et le commerçant, autant que d'une garantie sérieuse de nos opérations : j'ai formulé mon projet en lui imprimant un commencement d'exécution.

Mon système est basé sur la coopération collective et individuelle à la fois des travailleurs grands et petits, tout en réservant une part légitime aux intermédiaires.

Du jour où un contrôle légal de qualité garan-

tira à ces derniers la sincérité dans la confection,—
car remarquez-le bien, je n'entends nullement sup-
primer les marchandises ordinaires, bien loin de là ;
mais je tiens à ce que l'ordinaire ne se vende pas
pour du fin, le mauvais pour du bon : à chacun son
contrôle, à chacun selon ses œuvres,—dès qu'une
marque sérieuse dis-je sera établie, le bénéfice de
l'intermédiaire n'ayant plus à courir de chance intérieure, pourra se réduire à la seule chance extérieure, si l'on peut parler ainsi.

Telle est la portée de ce projet, dont je démon-
trerai tout à l'heure le mécanisme fonctionnant.

Plusieurs centres d'exportation dans Paris, ayant
chacun sa *zône* à part (sa contrée d'exploitation)
n'empêcheraient pas plus les opérations propres des
négociants-commissionnaires, que l'établissement
de la Banque de France et ses succursales n'empê-
chent les opérations des banquiers à Paris où leurs
rapports avec Lille, Montpellier, Rouen, etc. Au contraire, le contrôle sévère auquel doit être soumis
l'industriel réclamant les avantages de la MARQUE
LIBRE, est une garantie pour le commerçant, à laquelle
la plus scrupuleuse attention de sa part ne saurait
suppléer. Quel avantage pour bien des négociants de
pouvoir à tout moment recevoir leurs marchandises
duement vérifiées, leurs colis prêts à embarquer? Je
soutiens qu'aucune maison importante ne mettrait
la participation des industriels à ces centres commerciaux en parallèle avec les avantages que lui offri-
rait cette simplification de travail, partant l'augmentation dans les affaires.

Des opérations sans entremise ont déjà lieu comme

conséquence du rapprochement des pays. Entendez-vous, Messieurs les intermédiaires, laisser à ces opérations leurs modes vicieux, aujourd'hui à votre préjudice, plus tard à votre détriment ; ou bien préférez-vous les voir régularisées sous les auspices de votre expérience et de vos lumières? Voilà toute la question. La poser c'est la résoudre.

En terminant ce chapitre des vues pratiques dont on signale l'absence chez les travailleurs, je ne puis m'empêcher de faire remarquer qu'à la suite d'une brochure qu'il m'est arrivé d'écrire l'an dernier (1), j'ai reçu de nombreuses visites d'honorables ouvriers. En ce qui concerne les questions du travail, des travailleurs, des brevets, des expositions, etc., ces hommes laborieux m'ont communiqué des idées qui prouvent surabondamment que le bon sens pratique n'est pas toujours du côté du plus instruit. Peut-être trouverai-je plus tard le temps nécessaire pour fournir un exposé succinct de ces intéressantes communications.

Passons, quant à présent, aux détails du projet qui nous occupe.

---

(1) *La Politique des Travailleurs*, Brochure à 15 cent., chez d'Aubusson, rue Feydeau, 7 ; et chez les éditeurs du présent Mémoire

VII.

CAUSES et EFFETS de L'UNION.

L'UNION MANUFACTURIÈRE DE L'INDUSTRIE FRANÇAISE — puisque c'est ainsi qu'on nomma l'association libre créée par moi il y a 18 mois — devait, aux termes de son programme, aider à l'écoulement du trop-plein de nos magasins sans le secours des primes ou autres sacrifices de l'État, c'est-à-dire des contribuables.

Ce but impliquait des rapports, sinon directs mais réguliers, de nos industriels avec le commerce étranger ; conception grave et ingrate peut-être, à une époque où, comme je le dis au commencement de cet écrit, l'appréciation calme et impartiale de nos actions n'est guère à l'ordre du jour.

D'ailleurs la création de quelques débouchés momentanés ne m'eût pas suffi. L'horizon de ma pensée, je le déclare sans détour, s'étend au delà. Les grands maux se guérissent par des moyens énergiques ; le secret consiste à trouver les meilleurs pour frapper juste. L'emploi d'un palliatif n'eût produit qu'un résultat faible, par conséquent sans durée.

Des chefs d'industrie voulurent bien me consulter à ce sujet. L'hiver de 1848 à 49 se passa en discussions; j'eus l'honneur de diriger ces délibérations. Nous fûmes bientôt d'accord sur le fond ; on me chargea d'en régler la forme.

Ayant assisté autrefois à de semblables réunions, bien qu'en qualité de simple adhérent, je consultai d'abord mes souvenirs et notes du passé. Je scrutais surtout les causes qui firent échouer nos prédécesseurs en ce genre d'efforts.

Pourquoi, me demandai-je, nos tentatives vers la Chine n'ont-elles pas eu de résultat?— Parceque c'est un mauvais commencement que celui d'un essai à une distance tellement disproportionnée à notre patience, si toutefois nous en avons. En risquant tout notre bénéfice en matière d'échange, nous faisons des spéculations et non des opérations commerciales.

Pourquoi des tentatives de ce genre n'ont elles pas mieux réussi lorsqu'elles étaient dirigées, il y a quelques années, vers l'Angleterre?— Notons d'abord que c'étaient des efforts isolés. Mais est-il étonnant que vous ne trouviez ni beaucoup de partisans ni beaucoup de succès, alors que nos essais sont grévés au préalable d'un sacrifice de droits d'entrée de 15 à 40 pour cent? Cela se résume dans le raisonnement que voici: Si le fabricant a le malheur de se tromper, il perd, en réparant son erreur, presque la moitié de la valeur de son expédition. (1)

---

(1) A l'occasion des récentes réunions pour l'Exposition de Londres, un de nos honorables exportateurs a tenté de renouveler ces essais de concentration *exportative* de l'industrie parisienne vers l'Angleterre.

Ses bonnes intentions n'ayant pu être immédiatement appréciées, l'honorable négociant a cru devoir se retirer du Comité dirigeant.

J'ai exposé avec assez de franchise, je crois, (*voir le Phare du Commerce des 16 et 24 septembre* 1850), ce que du point de vue des fabricants il y avait à reprocher à cette proposition tant soit peu prématurée,

Pourquoi nos vues et réunions, touchant les états du *Zoll-Verein* (Union douanière allemande) n'ont elles pas abouti ? — Parceque ce n'était qu'une espèce de guerre de représailles; sorte de lutte qui ne saurait produire de bons résultats, vu qu'elle provoque l'isolement. (1) Lorsqu'on voulut, vers la fin, imprimer à ces efforts une tendance plus large, on s'aperçut seulement de la composition trop hétérogène des éléments réunis à cet effet. On essaya vainement, comme on l'appelait alors, le mariage de la théorie et de la pratique. Faut croire que l'un ou l'autre des des futurs conjoints n'avait pas encore l'âge de raison.

Ainsi armés de l'expérience du passé, nous nous mettons à l'œuvre. Après quelques mois de recherches et de correspondances nous abordons moralement dans un port de 1ʳᵉ classe, distant de France de huit journées à peine, et formant comme le foyer

---

pour qu'on ne me soupçonne pas de partialité quand j'exprime ici le regret sincère de la retraite, non pas de la proposition, mais de son auteur.

L'entrain, la vivacité sont à l'action ce que l'esprit d'initiative est à la pensée. — Si je blâmais le soldat qui succombe sur la brèche pour s'être exposé tout seul dans un but de gloire ou d'utilité, que diriez-vous? Que je suis injuste ou peu généreux. Et vous auriez raison; car de ces soldats là il en faut aussi. Souvent ce sont eux qui ouvrent la voie, qui tracent le sillon; c'est un mérite comme un autre. — Je n'en dirai pas davantage; messieurs des *Arts et Métiers* me comprendront.

(1) « La réciprocité de l'isolement est aussi facile que funeste, et ne saurait convenir aux nations éclairées. »

Ce mot, qui est d'un ancien Ministre de la Justice, aujourd'hui haut fonctionnaire, a été accueilli en son temps avec une telle faveur qu'il fut textuellement inséré dans une pétition que j'eus l'honneur de présenter, il y a quelques années, à M. Cunin-Gridaine, alors Ministre du Commerce, au nom d'un grand nombre de manufacturiers parisiens.

d'un vaste mouvement commercial, marché excellent pour l'essai pratique de nos opérations. Fidèles à nos principes de prudence, nous nous bornons à établir nos relations, non pas sur plusieurs points de cette *Zône* commerciale, mais sur un seul point, une seule *Région*, pour parler le langage de notre programme. Rien ne s'y oppose pour qu'au fur et à mesure de nos progrès l'administrateur local de région, d'accord avec le chef de Zône (à Paris) établisse sous sa responsabilité des *Comptoirs* industriels dirigés par des Gérants, et ceux-ci des *Bureaux* tenus par des Préposés. Exemple : *Zône* d'Afrique ; *Région* de l'Algérie ; *Comptoir* à Constantine ; *Bureau* à Philippeville. Autre exemple : *Zône* de l'Adriatique ; *Région* lombarde ; *Comptoirs* à Trieste, à Venise ; *Bureau* à Sinigalia. (1)

Nous n'eûmes pas beaucoup de peine à faire comprendre à qui de droit l'économie de notre projet, et tout l'avantage qui devait en ressortir pour les rapports internationaux.

Trois mois après nous nous trouvons en présence non pas d'un seul aspirant à la représentation de l'intérêt collectif français, mais de trois compétiteurs également honorables, également sérieux. Indépendamment de la faculté d'entrée libre de nos produits dans le pays, nous obtenons, après quelques débats il est vrai, d'une part les magasins et locali-

---

(1) Il n'est peut-être pas inutile de faire remarquer que notre *marché d'essai* n'était ni en Afrique ni en Italie.

On voit par ces exemples, que dans ma combinaison il y a : un *Chef* pour chaque *Zône*, un *Administrateur* par *Région*, un *Gérant* par *Comptoir*, un *Préposé* par *Bureau*.

tés nécessaires pour le service de nos marchandises, avec garantie d'extension gratuite en cas de besoin, de l'autre, l'exemption des frais généraux de toute nature, sauf par l'Administrateur à se prévaloir de ces dépenses sur les bénéfices éventuels résultant de ses opérations pour notre compte. La condition la plus importante, posée par nous et accepté par les traitants, est néanmoins celle d'une caution réelle de 75,000 à 100,000 francs à effectuer dans Paris comme dépôt de garantie pendant la durée de leur gestion.

Nos intérêts ainsi sauvegardés par le concours le plus actif et une responsabilité véritable des agents extérieurs (auxquels il nous serait loisible d'adjoindre des aides français), voici comment nous aurions à procéder.

D'abord par un ou plusieurs envois composés : 1º d'une partie de ces marchandises dont le producteur fabrique toujours plus que les quantités réclamées pour le commerce, excédants qui résultent de la nature même de certaines confections. Tels sont les articles faits au métier, à l'emporte-pièce, ou par les moyens du coulage, de la fonte, du moulage, etc.;

2º D'une ou de plusieurs séries d'échantillons en nature, à savoir de ces produits qui, tout en servant de point de comparaison en cas de commandes, peuvent être vendus comme objets complets et livrés tels au commerce. Cette catégorie comprend quantité d'articles de mode, de fantaisie, de goût, d'art et de science, dont Paris seul possède le secret.

3° D'une riche collection d'échantillons représen- tatifs, c'est-à-dire de produits représentés par simples pièces ou par épreuves, modèles, gravures, dessins etc.; voir même par simples descriptions préalables, nos agents étant obligés de fournir leurs aperçus ou explications raisonnées dans des délais fixes, établis en raison des distances.

Nous recevrions en échange :

1° Comptes de ventes trimestriels et remises des valeurs pour toutes les affaires réalisées dans les trois mois ;

2° Rapports mensuels sur les affaires des *sous-mar-chés*. Mouvement des arrivages et des expéditions de nos produits;

3° Renseignements hebdomadaires sur tout ce qui intéresse l'Industrie française : sa supériorité, sa pa-rité, son infériorité relatives, en présence des progrès toujours croissants des industries étrangères.

On voit par ce qui précède que dans ma combi-naison les travailleurs de tous les degrés de l'échelle industrielle peuvent participer à de pareilles entre-prises. Mais j'ai conseillé et je conseillerai toujours, de ne commencer que dans des proportions modé-rées, et de n'agrandir cette sphère nouvelle qu'en me-sure des résultats obtenus. De là la nécessité de s'en-tendre sur les participants aux essais jusqu'à ce que notre système ait reçu la consécration de l'expé-rience. Il faut qu'il soit bien démontré qu'il ne blesse point, comme on pourrait le craindre, de nombreux et respectables intérêts analogues. Je pense que le so-leil doit luire pour tout le monde et ne pas détruire d'un côté ce qu'il vivifie de l'autre.

Le type de qualité développé plus haut, s'il pouvait s'établir parmi nous, serait la meilleure marque de reconnaissance en cas de retours, dès-lors une prime d'assurance contre bien des pertes. Les effets probables de l'innovation dont je viens d'exposer les causes et le mécanisme, seraient d'une part le développement de notre Industrie aidée de l'élément commercial ; de l'autre le concours de nos capitalistes, éclairés sur la loyauté de nos fabricants et rassurés sur la nature de ces opérations par les résultats successifs.

Douteriez-vous que nos financiers n'accordassent leur appui à tel ou tel industriel, dès la seconde ou la troisième transaction ainsi opérée et d'une réalisation à peu près certaine ? L'ouvrier recevant des commandes plus ou moins considérables sur des échantillons qui *portent*, ne trouverait-il pas facilement les fonds nécessaires pour l'acquisition des matières servant à des produits d'un écoulement certain ? La Banque de France enfin, refuserait-elle d'escompter les valeurs d'un établissement fonctionnant sous les auspices de la sincérité, de la régularité et de l'activité ? Ces crédits là, il est vrai, ne seraient pas tout-à-fait gratuits ; mais ils n'en seraient que plus honorables, ayant pour cause le travail et pour effet le bien-être des travailleurs.

Que ceux qui se piquent de connaître l'ouvrier, le peuple — puisqu'on tient à ce terme — veuillent bien se demander si je me suis trompé dans cette dernière conclusion. Je ne le pense pas ; car moi aussi, je me flatte de connaître le peuple. J'ai l'habitude de le comparer à une cloche, en ce sens que c'est un mélange de l'essence la plus pure ; capable tour à tour d'émouvoir les âmes, de les attrister, de les consoler, de les effrayer. Impressionnable par-dessus tout, il suit en quelque sorte malgré lui l'impulsion qu'on lui imprime. Frappez mal, vous faussez son timbre naturel ; frappez bien, vous en faites sortir de sublimes accords.

Mais ne perdons pas le fil de notre idée. Il nous reste à fournir par des données positives, le moyen de juger du mérite du lieu choisi pour notre première exploration.

Or, voici les chiffres constatant l'importance du commerce français avec la région d'essai des parages en question :

MOYENNE ANNUELLE DES IMPORTATIONS FRANÇAISES SUR CE MARCHÉ.

OBJETS MANUFACTURÉS.

Les produits naturels, tels que Vins, Eaux-de-vie, Denrées, etc., non compris.

Première Section.

Soieries pures et mélangées. . . . . . Fr.	2,500,000 [A]
Modes, Nouveautés, Dentelles	1,500,000
Articles de mètrage en laine et coton	760,000
Soies à coudre et à broder ; Chenilles, etc. . . .	650,000 [B]
Etoffes et Tissus de fil.	80,000
A Reporter.	5,490,000

[A] Rubanerie COURANTE : Forte concurrence suisse.
[B] Soies à COUDRE : Importance croissante pour la France.

Report. . . . 5,490,000

Deuxième Section.

Gants glacés, chevreau et agneau	400,000	(c)
Toiles et Taffetas cirés et gommés	30,000	
Chaussures en cuir et en peau	27,000	
Chapeaux d'hommes et Chapellerie.	24,000	
Parapluies et Ombrelles.	14,000	
Chapeaux de paille; Articles de Vannerie. . . .	10,000	

Troisième Section.

Merceries, Quincailleries, Tabletteries.	1,800,000	(D)
Bronzes, Horlogeries, Bijouteries. . .		
Porcelaines blanches et décorées	450,000	(E)
Papiers, Papeteries, Fournitures.	350,000	(F)
Savons et Parfumeries diverses.	275,000	
Fruits confits, Sardines, Conserves.	225,000	
Instruments d'Art et de Science.	220,000	
Papiers peints et Cartonnages.	210,000	(G)
Couleurs brutes et préparées; Articles de dessin.	190,000	(H)
Glaces, Verreries, Cristaux	100,000	
Joaillerie, Orfèvrerie, Perles et Pierres fines. . .	95,000	(I)
Gravures, Estampes, Peintures.	90,000	

Francs 10 millions. [1]

(c) Gants de PARIS, à peu d'exceptions près.
(D) AMORCES : Les Fabriques de l'Autriche l'emportent sur les Français.
(E) La Poterie anglaise perfectionnée nuit aux articles français de VAISSELLE et de SERVICES.
(F) Maroquinerie ORDINAIRE : Concurrence de l'Union allemande.
(G) PAPIERS-peints : Concurrence allemande. Diminution dans l'importation française.
(H) Cristaux TAILLÉS et MOULÉS : Concurrences de Bohême, de Silésie et de Belgique.
(I) Orfèvrerie PLAQUÉE : Concurrence anglaise.

(1) Ces chiffres de la *Région* sont ceux de 1847. Ils ont plutôt augmenté que diminué depuis cette époque.

Le mouvement général du commerce de la *Zône*, tant avec la France qu'avec les autres nations, dépasse ordinairement UN MILLIARD par an.

Le résultat de ces recherches, joint à l'avantage que présente ce mode nouveau de transactions sur celui actuellement en usage, m'a paru digne d'une étude sérieuse, digne des quelques efforts que j'ai pu faire dans l'intérêt général.

S'il reste un point obscur dans la question que je viens de traiter, c'est peut-être celui des voies et moyens touchant les dépenses matérielles d'une organisation première.

Je pense qu'une fois l'utilité générale des UNIONS MANUFACTURIÈRES admise, on obtiendrait facilement cette avance de quelques milliers de francs sur les douze cents mille francs restés disponibles dans la somme de trois millions, affectés par la loi du 5 juillet 1848 aux associations entre travailleurs.

Si je suis bien informé le Gouvernement, avec les meilleures intentions du monde, ne put admettre qu'une cinquantaine de demandes au bénéfice de cette mesure. Dans ces associations, qui ont reçu à Paris près de 800,000 francs et en Province plus d'un million, on compte à peine cinq associations exclusivement ouvrières. Les autres étaient en partie des sociétés gérées par des contre-maîtres ; quelques unes même s'étaient formées avec la participation d'anciens patrons.

Les alliances libres que je propose, basées sur la coopération collective et individuelle des travailleurs, auraient-elles moins de droits à la sollicitude gouvernementale, à la sympathie publique qu'une association pure et simple? Les hommes compétents jugeront (1).

VIII.

ESSAI DU PROJET DANS PARIS.

Quelques mots maintenant pour justifier le titre de ce travail; cet écrit paraissant plutôt s'occuper de l'Industrie parisienne que du commerce français mentionné en tête du Mémoire.

Je traite une combinaison déduite de la situation générale de notre commerce vis-à-vis des nations étrangères. Il a fallu pour l'expérimentation choisir un terrain. J'ai préféré celui de Paris comme le plus propice à la démonstration dont il s'agit et à l'exécution d'un essai. L'application du mode

---

(1) Expliquons en passant une contradiction apparente. Ailleurs je me prononce contre l'appui financier de l'État, contre ce que j'appelle l'argent des contribuables, tandis qu'ici je réclame une part dans le solde disponible des trois millions.

Je ferai remarquer d'abord, que ces lignes ont été écrites le lendemain du jour où l'Assemblée nationale prorogea de son chef le délai pour l'affectation spéciale du susdit crédit. Mais dans ma pensée l'appui *moral* du Gouvernement suffit dans l'espèce, comme à une chose qui se recommande d'elle-même.

Le Gouvernement aussi bien que l'Autorité municipale disposent de tant de moyens d'encouragement qui se traduisent en économie réelle pour ceux qui savent en profiter avec désintéressement, que ma demande ainsi expliquée, se trouvera, je l'espère, suffisamment justifiée.

proposé pourrait se faire aussi bien ailleurs que dans la capitale. Tout département industriel, toute contrée manufacturière trouverait, je n'en doute pas, les mêmes facilités que nous, en présence d'une intelligente entente entre les participants.

L'exécution de mon projet offre encore jusqu'à un certain point un moyen contre l'agglomération des travailleurs dans les grands centres. Car dans un cas donné ceux-là se dirigeaient de préférence vers les campagnes. La campagne a toujours sur la ville de nombreux avantages moraux et matériels, tels que le calme, les conditions d'hygiène, le bas prix des objets de première nécessité, etc. Je soutiens sans crainte d'être démenti, que nombre d'ouvriers et de fabricants verraient dans la possibilité d'une pareille transformation — quand bien même elle ne serait que partielle — une mesure utile et heureuse, digne d'encouragement.

Savez-vous quel est le grand obstacle qui s'oppose jusqu'à ce jour à la réalisation de ce vœu, qui est dans bien des cœurs? C'est la nécessité pour la plupart des industriels, de suivre personnellement les rapports de la production avec l'intermédiaire de la consommation. Eloigné du centre commercial, le travailleur perdrait en partie des relations d'autant plus précieuses qu'elles sont indispensables à l'alimentation de son activité professionnelle.

Du jour où une ou plusieurs institutions d'utilité réelle donneraient à l'ouvrier la conviction qu'on s'occupe de sauvegarder et d'améliorer son intérêt dans la mesure de sa loyauté et de son intelligence, l'ouvrier vous apparaîtrait dans son type naturel, c'est-à-dire : loyal et actif, confiant et tranquille. La plupart de ceux qui confectionnent des articles spécialement destinés à l'exportation, formeraient le noyau de ces travailleurs disposés à échanger la vie heureuse de la campagne contre l'existence agitée de la ville.

L'essai de l'innovation dont je viens d'exposer la théorie et conseiller l'application serait je le répète, tout aussi facile aux villes manufacturières des départements qu'à la fabrique de Paris. (1) Relativement à la suprématie de celle-ci, c'est-à-dire l'importance du département de la Seine comparée à celle des autres départements, voici comment s'exprime un des hommes les plus compétents, naguère membre influent du Gouvernement, aujourd'hui

---

(1) Plusieurs lecteurs du manuscrit de ce Mémoire ont cru voir dans l'interruption de mon travail ou plutôt de mes démarches à ce sujet un obstacle à sa mise à exécution. Je m'empresse de déclarer qu'il n'en est nullement ainsi.

Quelles que soient les causes auxquelles j'ai fait allusion vers la fin du chapitre de l'introduction, elles ne sauraient en rien modifier le caractère de mes faibles efforts. Je désire être utile au *plus grand* nombre. S'il est juste en pareil cas de faire abstraction des personnes, il est bon, il est délicat peut-être d'en donner l'exemple.

Tous ceux qui joignent à la pratique des affaires quelques peu de notions sur l'Industrie dans ses rapports avec le Commerce, pourraient tout aussi bien que moi aspirer à la réalisation du projet en question. Mon modeste appui ne leur ferait pas défaut.— En attendant qu'une marque légale de qualité soit décrétée chez nous, l'union ou les unions manufacturières en adopteraient une.

Reste la sympathie des manufacturiers, et plus spécialement de ceux des vingt-deux divisions industrielles mentionnées pages 55 et 56 de cet écrit. Mais cette estime, cette confiance : l'homme intelligent, honnête et sincère les rencontre assez facilement.

comme autrefois, membre éminent de la représentation nationale :

« Je crois qu'il est de l'intérêt du pays tout entier que l'industrie parisienne ait un centre d'action dans les questions commerciales, un organe dans les combinaisons de tarif. La capitale est non seulement le siège de la richesse, le réservoir des capitaux; le régulateur du crédit, la place principal du commerce, mais encore le foyer le plus actif de la fabrication.

« Paris a réuni toutes les branches de l'activité sociale. Il fabrique, il exporte, il commandite la navigation. Cette ville a réalisé un phénomène dont il n'y avait pas jusqu'ici d'exemple en Europe. En voulez-vous la preuve? Comparez les forces contributives et productives de Paris au nombre de ses habitants.

« La population de la capitale est à la population générale de France dans le rapport de 1 à 33, soit 3 pour cent. Eh bien, le département de la Seine paie environ 8 % du produit total des contributions directes ; quant aux contributions indirectes, Paris et la banlieue fournissent un contingent de près de 15 % (plus de cent millions en temps ordinaire). En échange, ce département figure pour plus de 25 % dans l'exportation des produits manufacturés. Il n'y a guère que l'industrie des soieries qui présente au pays un mouvement plus considérable de valeurs.

« Je sais bien qu'il n'est pas facile de grouper tant d'intérêts divers. l'Industrie parisienne est un monde qui embrasse toutes les divisions du travail humain. On ne sait où se prendre lorsqu'on a tant d'éléments à réunir et à cimenter. Ce qui en fait la nécessité est peut-être aussi ce qui en fait la difficulté !...... (1)

Arrêtons nous ici. Je crois avoir fini ma tâche.

Je ne saurais mieux terminer que sous l'invocation d'un témoignage qui prouve suffisamment de la difficulté d'un Mémoire de la sorte.

J'aime à croire que cette opinion, dont l'autorité n'est pas suspecte, me conciliera l'indulgence des hommes compétents.

Ceux-ci au surplus comprendront toujours

UN HOMME DE TRAVAIL.

---

(1) Extrait d'un discours de M. Léon Faucher, prononcé le 12 Mars 1843, dans une réunion d'Industriels et de Négociants de Paris.

FIN.

Paris. — Imprimerie Schiller, rue du Faubourg-Montmartre, 11

TABLE.

—

www.ingramcontent.com/pod-product-compliance
Lightning Source LLC
Chambersburg PA
CBHW070815210326
41520CB00011B/1964